Émile SICARD

Le vieux-port

Table

I   LIVRE I

I   3
LA FONDATION DE MARSEILLE   5

II   LIVRE II

I   13
II   15
III   17
IV   19
V   21
VI   23
VII   25
VIII   26
IX   27
X   28
XI   30

III   LIVRE III

LA COURTISANE   39
L'ARMATEUR   41

LE CORDIER DE LA TOURETTE   43
LE PECHEUR DE SAINT-JEAN   45
LA BOUILLABAISSE   48

IV   LIVRE IV
PUGET   53

V   LIVRE V
 LA MAITRESSE   66

VI   LIVRE VI

L'OFFRANDE   79
POEMES D'ITALIE   82
NUIT DE ROME   84
LA MONTEE DE SAN-MINIATO   87
DANS LA BAIE DE NAPLES   90
DANS UNE OSTERIA DU PORT DES GENES   95
POEMES INCOMPLETS (I)   100

I

LIVRE I

A Xavier de Magallon

I

Le musc, la bouillabaisse et l'ail parfument l'air.
Allons au Port...

Lionel des Rieux

Odeur de l'algue verte et de l'écaille rousse
Du coquillage bleu,
Odeur des fruits pourris que la mer éclabousse
Sur le rivage en feu

Sel et goudron de la carène et du cordage,
Moiteur de l'Orient,
Éclat tumultueux des rouges équipages
Dans la coque du vent,

Fard des filles des quais, haleine des escales;
Parfum de l'univers,
Ardeur du vieil amour crispant dans ses mains sales
Un laurier toujours vert,

Que de vous respirer je connais l'habitude
Et la chaude splendeur !
J'ai couronné mes jours, mes nuits, mes solitudes
De vos grappes de fleurs !

De tout ce port mouvant, vous montez, marinaille !
J'en ai le corps vêtu
Et mon cœur attentif se débat dans les mailles
Des filets étendus.

Je suis couvert d'écume et ruisselant d'espace ;
Aux tables de midi
J'ai partagé mon pain avec toutes les races.
Le vin blanc de Cassis

Âpre et voluptueux a constellé mon verre ;
Ses flots furent mes chants
Que je porte, ce soir, à Marseille ma mère
Qui tient les barques sur ses flancs.

LA FONDATION DE MARSEILLE

Les noces étant achevées, ce seigneur grec, après avoir pris congé et obtenu la permission du Roi, s'en retourne à sa flotte, vers la côte de la mer, où, près du port, il fit bâtir la ville de Marseille. (Histoire)

Ils viennent du pays des temples. La galère
Vogue, depuis des mois, dans les golfes latins.
La grande voile pourpre est pleine de lumière,
Le gouvernail d'argent est chargé de raisins.

Une nouvelle mut se dresse sur l'espace
Et le flot engloutit la face du soleil.
L'hellénique vaisseau, d'éternité s'enlace ;
L'étoile du berger protège son sommeil.

Près d'un homme accroupi, des esclaves d'Asie
Rangent les lyres d'or laissées par les chanteurs.

L'heureuse courtisane, aux mains qui la supplient,
Donne à cueillir la joie de sa molle splendeur.

A l'outre parfumée, un marinier s'enivre ;
Le vin de Syracuse est sur les passagers ;
Une torche, serrée dans un anneau de cuivre,
Palpite au souffle ardent des prochains orangers.

La galère, nattant les cheveux des sirènes.
Suit son balancement nocturne et paresseux ;
Elle est pareille au blé dans le vent de la plaine,
Elle est pareille au fruit dans le verger des dieux.

Tout le sel, tout l'espoir et toute l'aventure
La pousse dans une ombre ouverte sur le jour.
Et le chant de la rame anime le murmure
Du visage inconnu vers lequel elle accourt.

Les yeux épanouis sur la courbe des îles
Et l'esprit attentif aux promesses du sort,
Protis le Phocéen bâtit déjà la ville
Dont il voit la montagne et devine le port.

S'il a pris le chemin de la mer et du monde,
C'est pour nourrir l'orgueil qu'allaita sa beauté
Et donner en pâture à son amour qui gronde
L'honneur de la conquête et de la volupté.

Maintenant qu'il apprend que rien ne le sépare
De la terre unissant la vierge au figuier roux,
Avant que d'atterrir il jette ses amarres

Et montre au jour levant ses dents de jeune loup.

Le rivage est couvert de pêcheurs et de filles ;
Un grand chœur de bras nus constelle l'horizon
Et Protis. éperdu, vers la coupe oui brille,
Tend sa bouche, son cœur, sa voile et sa raison.

*

* *

Tandis que les marchands autour de l'équipage
Font danser la couleur des poissons et des fruits,
Le roi de la calanque offre son héritage
Au beau navigateur que sa fille séduit.

Dans les cris du soleil la flotte est nuptiale ;
Les longues vagues nouent les bouquets de la mer
Et Gyptis, langoureuse,innocente et rivale,
Joint les mains sur ses yeux qui se sont trop ouverts.

La terre bout ; le ciel incendie les cordages,
La lavande et le thym grésillent dans le vent.
Les oliviers tordus chargent le paysage
D'une poussière bleue qui brûle les amants.

Dans le silence heureux des batailles charnelles
La tunique de lin des époux enlacés
Se déchire, et Gyptis est comme une asphodèle
Sous 1'ombrage d'un pin qui va la terrasser.

*

* *

La Méditerranée, sur l'étreinte fertile,
A penché tout son ciel et mis toutes ses îles
La couche des amants domine l'univers.
L'esprit à peine absent de sa béatitude,
La bouche encore meurtrie de sa sollicitude,
Protis dévisage la mer.

Il a le front cerné de sa double conquête ,
L'amour qu'il assouvit, la gloire qu'il apprête
Au bûcher des transports ont uni leurs rameaux.
Dans son cœur ébloui les espaces se ruent,
Il sculptera le corps de cette femme nue
A la poupe de ses vaisseaux.

Devançant son appel, la tribu des carrières
Fait ruisseler l'argile et tressaillir la pierre ;
La pensée du vainqueur commande à l'Orient.
Dans le martellement des chants du carénage
Des orages de blé tournoient sur le rivage
Et lapident le firmament.

L'avenir resplendit de la Cité nouvelle ;
La cargaison du temps dispute aux balancelles
L'honneur d'amonceler la fortune du port.
Les bras des portefaix sont les cariatides
Dressant devant l'orgueil des horizons numides
Les comptoirs aux charnières d'or.

Arbre de la saison des chaudes destinées,
Protis ploie sous l'éclat des dons de sa journée.
L'écume du soleil le prend dans ses anneaux.

Sur la terrasse ouverte aux feux du crépuscule,
Entre le soir qui monte et le jour qui recule,
Il est comme un jeune taureau.

Il tourne dans l'arène empourprée de résine ;
Sa couronne est le mât, son sceptre la colline ;
Il titube de doute et de ravissement.
Pour sa proie de l'esprit, il cherche une tanière ;
Dans l'ombre, il comptera le prix de sa lumière
Et dépècera son tourment.

Au large les voiliers sont des oiseaux.
Roule dans des hamacs mystérieux. Aucune
Voix humaine n'entoure plus les pins mouvants.
L'époux, près de l'épouse, a retrouvé sa place
Et la nuit créatrice et maternelle enlace
Gyptis qui caresse ses flancs.

II

LIVRE II

LES VISAGES DU PORT

A Alfred Lombard.

Ah ! comme j'ai tenté, pendant de longs printemps
Avec des phrases parfumée
De fixer la tiédeur, l'ardeur, le goût flottant
Des choses que j'ai tant aimées...

Comtesse Mathieu De Noailes.

I

Que me donneras-tu rivage
    Bienheureux vers lequel j'accours ?

Es-tu plus beau que le visage
    De celle qui me mit au jour ?

Ton sable a-t-il des diadèmes
    Que mon front ne porte déjà ?

M'aimeras-tu plus qu'on ne m'aime ?
    J'ai toute la vie dans les bras.

Mes yeux ont ravagé la terre ;
    J'ai pris part à tous les festins.

Ma bouche a glané la lumière
    Dont Vénus abreuve son sein.

Je suis chargé de toute offrande.
    Rivage, que donneras-tu

A ma jeunesse qui demande

Ce qu'elle n'a point encore eu ?

J'ai peur d'avoir vidé la coupe
   Dont s'enivre le cœur humain.

Je crains d'avoir vaincu la troupe
   Des gladiateurs du destin.

Une clameur sourde m'emporte
   Malgré tout, rivage mouvant,

Vers ton horizon, cette porte
   Si close à mon enchantement,

Car je suis l'étrange équipage
   D'un navire chargé d'amour

Qui te quitte pour ces voyages
   Dont l'illusion fait le tour.

II

La tartane, au beau ciel rouge.
   Cloue une voile safran ;
   Les couleurs des drapeaux bougent
   Dans l'eau comme des serpents.

L'odeur de la marmaille
   Monte des paniers d'osier ;
   La mer est un grand rosier
   Que le port prend dans ses mailles.

Sur la terrasse d'argent
   Qu'incline la vieille ville,
   D'une main gantée de style
   Puget cisèle le temps.

Un mélange de paresse
   Et de grave éternité
   Jette au lit de volupté
   Les passagers de l'espèce.

Tous les rivages greffés
   Dans le creux de ce rivage

15

Font de Marseille un corsage
Magnifique et dégrafé ;

L'Orient pousse l'Afrique
Contre ses tapis de blés.
Et, le visage collé
Sur un souvenir hibrique,

Gyptis croit, dans un sommeil
Constellé d'ocre et de jade,
Dévorer une grenade
Dont le jus est du soleil.

III

Marina, la catalane.
   Les yeux peints, les cheveux plats.
   Vend à l'ombre des platanes
   Des oranges de Palma.

Un marinier des tropiques
   Achète un fruit et le mord.
   Les maisons aux toits obliques
   Dégringolent vers le port.

Le reflet de saison chaude,
   Sur le seuil de l'Hôtel-Dieu,
   Est un peu de joie qui rôde,
   Une goutte de ciel bleu

Contre la mélancolie.
   La porte de l'hôpital
   Semble convier la vie.
   Marina, devant l'étal

De ses richesses pressées,
   Balance toujours son corps,

Mais un coin de sa pensée
Tend une orange à la mort.

IV

Un nègre, sur un tonneau.
    Dans le soir joue de la flûte.
    La lune coule sur l'eau…
    Au coin d'un bar naît la lutte

Des nervis et des putains.
    Le douanier passe et repasse
    Sur le quai chargé de vin.
    Le Transbordeur, dans l'espace,

Fait un trapèze imprévu.
    L'heure est chaude et nostalgique.
    La place Victor-Gelu
    Tend ses platanes lubriques

Aux colloques amoureux.
    Notre-Dame de la Garde
    Monte, droite, dans les deux.
    Un poète la regarde !

Charge-toi, mon pauvre cœur.
    Des transports de ce silence !

Prends tous ces bouquets de fleurs.
Tout ce rut, cette innocence,

Et sur ton lit de roseaux
Avec eux fais la culbute.
Un nègre, sur un tonneau.
Dans le soir joue de la flûte…

V

L'huile danse dans la poêle ;
    Les poissons, en écumant.
    Crachent des milliers d'étoiles
    Au visage de Saint-Jean.

Rive-Neuve est dans sa gloire.
    Une fille mord des fruits,
    Sur le sel des planches noires
    L'oursin brille, l'algue luit.

Le seuil des maisons sans âge
    A, sur ses volets ouverts,
    Des blasons de coquillages.
    Tout le ciel, toute la mer,

Font des quais une corbeille.
    Un homme siffle un départ.
    Les tartanes sont des treilles !
    Le soleil roule son char

Dans la foule des dimanches
    Dont le cœur est un brasier.

Au large, une voile est blanche
Comme une fleur d'amandier.

VI

L'or chantant des traversées
   Tu l'as jeté, dans le soir.
   Sur les jambes écartées
   D'une fille aux cheveux noirs.

Maintenant, la bourse vide
   Et le cœur plein de tourment,
   Tu respires l'air humide
   Des hangars chargés de vent.

Ta pauvreté te rappelle
   Ton sort de navigateur.
   La mer seule t'est fidèle ;
   Rejoins donc, les sens en pleurs

Mais l'esprit et la pensée
   Libres des enlacements,
   Cette coque balancée,
   Ce navire chancelant !

Sur le grand pont des espaces,
   Au gouvernail souverain.

Lave ta bouche vorace
Dans le sel et le matin.

La maîtresse est une escale
Et l'amour un passager.
O solitude idéale
Console ce naufragé !

VII

L'Esplanade de la Tourette
  Est, sur le port, un balcon ;
  Vois ce phare, ces mouettes.
  Ces vaisseaux, cet horizon !

Ma jeunesse aux beaux ombrages
  Vit toujours dans le vent clair
  Et mon coeur reste un nuage
  Sur des charpentes de fer.

VIII

Attablés sur le port dont les lourdes taitanes,
    Entre des plis d'azur, ruissellent de clarté,
    Ils regardent, pensifs, rôder les courtisanes
    Que l'espoir d'un peu d'or est venu tourmenter.

Leur courage sourit au sort qui les condamne
    Et leur gloire n'est plus qu'en leur humilité.
    Ils boivent. Dans le ciel le soleil se pavane.
    Ils oublient la douleur qui n'a pu les quitter.

Le tumulte des quais et l'éclat des cordages
    Écrasent de travail la ligne des rivages
    Qui monte et qui descend sous la chaleur des pins.

Ils rêvent sans amour, mais à l'appel des filles,
    Leurs bras inconscients s'en vont vers les fusains,
    Contre l'ombre desquels ils ont mis leurs béquilles,

IX

Les lourdes poteries que l'espagnol rapporte
   De Figuera, luisent de tout leur émail vert.
   La chaleur de juillet brûle le seuil des portes.
   L'espadrilleur qui fait son métier en plein air

Pousse son escabeau vers l'ombre des platanes.
   Une odeur de fruits mûrs et de grand fusain roux
   Parfume mollement la place où les gitanes
   Serrent des enfants nus sur leurs maigres genoux.

Un pilote en congé sort d'une maison blanche
   Et, la pipe embrasée, s'en va vers le caveau
   Où les vieux mariniers racontent, le dimanche,
   La légende des mers et l'histoire des flots.

Dans cet espace clair de couleur et cie vie,
   Au tourbillon secret des pays séducteurs
   La face des étés que j'ai vécus s'allie
   Et la place publique est couverte de fleurs.

X

Hou, hou… Il pleut.
   Mon cœur ruisselle.
   Eclairez vite vos yeux
   Votre pauvre amant a froid !

Entendez, sur les ponts de bois.
   Danser l'eau.
   Les balancelles
   Sont entrées dans les canaux.

Quelle orange est votre bouche !
   L'ombre couche
   Notre amour dans ses fuseaux.

Hou, hou… Il pleut.
   Sous sa bâche une charette
   Va clapotante et sans feux.
   Le roulier baisse la tête,
   Son long fouet injurie Dieu.

Faut-il mettre du charbon
   Dans le poêle de faïence ?

Hou, hou… Il pleut.
Ça recommence.
Sur un rail traîne un wagon ;
Un corsaire s'y abrite.

Vous êtes nue… Qu'il fait bon
Un bouquet d'œillets palpite
Dans un vase du Japon.

XI

O mon port, ô mon enfance,
   Tes voiliers sont sur mon cœur !
   Même ma plus noire absence
   S'éclaire de tes couleurs.

Quand ma gloire est une rose
   Elle s'effeuille sur toi.
   A ma douleur tu proposes
   Le réconfort de tes rois.

Dans le jeu clair des amarres
   Je reconnais mes départs ;
   Tes collines et tes phares
   Sont les feux de mes regards.

J'ai reçu de tes corsaires
   La leçon des libertés ;
   Tes amantes et tes mères
   M'ont appris la volupté.

L'eau qui blesse tes carènes
   Coule fraîche sur mes ans ;

Ta fumée est mon haleine ;
Je suis un mât sur tes bancs.

Je remorque mes pensées
— Comme on traîne tes chaland —
Vers les îles enlacées
Par la sirène et le vent.

Je me mélange à ton ombre,
Je me lie à ta clarté.
Je suis de tes canaux sombres
Les ponts de bois enchantés.

Ma vie porte la corbeille
Argentée de tes poissons ;
Mon destin est une treille
Qui cloisonne tes maisons.

Mon poème est ta jetée !
Dans tes vagues et tes cris
Roulent les fleurs cadencées
Des jardins de mon esprit.

Dans tes algues je me couche,
Je m'endors de ton sommeil,
A tout réveil j'ai ma bouche
Contre celle du soleil.

O mon port, ô mon visage,
O mon miroir, dans mes bras
Je serre tes équipages.

Tes émigrants, tes calfats.
Je suis sur tes esplanades.
Dans tes filets, dans tes rues,
Dans le sang de tes grenades,
Dans ton vice et ta vertu !

Quartier-maître de la lune,
  Je danse éternellement
  Le tango de l'infortune
  Et du rêve étourdissant

Sur le pont de tes navires
  Illuminés d'oiseaux d'or.
  O mon port, corps en délire,
  Je t'aime jusqu'à la mort.

Barman, du whisky !... Le monde
  Est un manège. Du bar
  Les soucoupes font la ronde.
  J'ai mal au cœur... Il est tard...

La lune douce et légère,
  Au coin des rues, prend mon bras ;
  Elle soutient ma misère
  Et s'accroche à tous les mâts.

Dans la nuit bouleversée,
  Le pilote de St-Jean
  Parle à sa pipe allumée :
  « Son amour n'a pas beau temps ! »

Des bouées et des ceintures !
    Tous mes canots à la mer !
    L'eau tournoie sur mes blessures ;
    J'entends craquer vos yeux verts.

Barman, du whisky !…
    Folie !
    Vous ne voyez plus ma vie
    Agenouillée sur le port ;
    Les vigies sont en détresse ;
    Grand prieur de St-Victor
    En l'honneur de ma maîtresse.
    Chantez la messe des morts !

— Barman, du whisky !
    Et que l'Amérique danse !

Je veux tuer ce silence
    Angoissant de mon esprit.

Pour d'étranges destinées,
    Sur un grand navire noir.
    Ma mouette bien-aimée
    S'est embarquée.

L'or du soir
    Chauffe l'alcool des bouteilles ;
    Le haut comptoir est d'argent ;
    Les fumées sont des abeilles
    Sous les plafonds éclatants.

Que de pluie sur la jetée,
   Quand la mer a pris d'assaut
   Mon amour et ma pensée
   Et lorsqu'un horizon d'eau
   De mon âme a tenu place !

— Barman, du whisky !

Une fille dans les glaces,
   Se contemple et se sourit.

Et moi, quel est mon visage ?
   Je ne me reconnais plus.
   Mes yeux sont creux davantage,
   J'ai si froid d'être si nu !

Mais oui, un tango ma chère !
   Entre les tables voguons.
   Un anglais brise des verres
   Et jongle avec des citrons.

— Barman, du whisky !

La porte
   S'est ouverte au gré du vent.
   Une poignée de fleurs mortes
   S'abat sur un manchon blanc.

Dans des sièges de cuir sombre
   Je navigue à petits coups ;
   Je tangue, je roule et sombre.

Où êtes-vous ?… où êtes-vous ?

Fait-il beau sur votre espace
    Plus qu'en nos ascensions ?
    Un sou tombe… Pile ou face ?
    J'ai perdu mes illusions.

L'or qu'ils ont moissonné dans les courses lointaines
    Constelle de désirs l'espoir de leur retour
    Et leur sommeil, bercé par le chant des sirènes,
    Est peuplé de musique et cloisonné d'amour.

La gerbe, que noua la mer des Pacifiques,
    Ils l'offrent à ce port clair et mystérieux
    Où la fière Athéna déchire sa tunique
    Sur le lit du corsaire aux impossibles yeux.

De tout leur cœur béant ils poussent le navire
    Vers les phares marquant la ligne du détroit
    Et, déjà possesseurs du vœu de leur délire,
    Leurs appels font trembler les maisons de la joie.

Ils s'élancent, goulus, vers la multiple table
    Que couvre le bétail fardé de l'univers
    Tandis que leur voilier, prisonnier de ses câbles.
    Gémit le long du môle aux grands anneaux de fer.

La chambre du plaisir, ouverte sur la rue.
    Mêle une odeur de musc à des parfums de fruits.
    Et les navigateurs, aux filles dévêtues.
    Comptent devance l'or qui tarife les nuits.

Dans les hoquets du vin et le relent des danses.
Nostalgique et princier, un mendiant espagnol
Sur sa guitare joue une vieille romance
Qui fait rêver un nègre accroupi sur le sol.

C'est la mer et le vent, les mâts et les rivages
Qui s'engouffrent, ce soir, dans l'âcre volupté,
Heureux de transformer en un peu d'esclavage
Le fardeau si pesant des mois de liberté.

Ayant mis des colliers sur les autels lubriques
Et tari, lourdement, leur soif de passagers,
Les coureurs d'océan reprendront, faméliques
La route où s'est levée l'étoile du berger.

Sur le pont balayé par la fougue des lames
Ils serreront, muets, contre leur cœur meurtri,
Le souvenir brûlant des caresses des femmes
Auxquelles ils croyaient, innocents et ravis.

La vainc illusion du bonheur de l'escale
Leur fera rebâtir des projets hasardeux ;
Alors que le destin tissera dans les cales
Le naufrage, la mort et les signes d'adieu.

III

LIVRE III

LA TABLE ET LES MÉTIERS

LA COURTISANE

Les barques détendent les rames ;
   Les sirènes flagellent l'air ;
   Sur l'étal des longs quais, la chair
   Des oursins luit comme une flamme.

Viens sur les terrasses du port
   Respirer la bonne lumière.
   Toi dont la nuit est la tanière,
   Toi dont le jour est le transport.

Les beaux départs, les chers naufrages
   Sont sur le seuil de ces vaisseaux ;
   Mets ta pensée dans ces cordages,
   Trempe ton désir dans ces eaux.

Le sein gonflé, des filles passent ;
   Le vent qui monte de la mer
   Bat leur jupe ; des colliers verts
   Sont à leur cou ; elles enlacent,

Avec la bouche et les cheveux,
   La volupté — cette fleur grasse —

Qui tourbillonne dans l'espace
Et s'épanouit dans leurs yeux.

Sors de ton lit, ma magicienne,
Les balancelles du printemps
Sont pleines d'oranges. Devant
Les mariniers qui les contiennent,

Jalouses, les femmes se ruent.
Le ciel, parfumé de l'offrande,
Teinte d'or les linges qui pendent
Aux fenêtres des vieilles rues.

Vas-tu laisser ta part de vie
Aux mains des premiers passagers ?
Jette toi dans le chaud verger
Des fruits serrés, des fleurs unies,

Et dispute de tout ton corps,
Aux servantes de la lumière,
L'honneur de rester la plus chère
A la complicité du port.

L'ARMATEUR

Contre le port brûlant où le soleil trépide
  Dans le bruit des poulies drainant les entrepôts,
  Devant les portefaix aux muscles intrépides,
  L'armateur phocéen contemple ses vaisseaux.

Il a perçu le fret et payé l'équipage ;
  Maintenant tout son cœur est posé sur la mer ;
  De sa fenêtre ouverte il compte les rivages
  Où s'appuieront ses mâts et ses coques de fer.

L'esprit sur le comptoir, il suit ses capitaines ;
  Il vogue, sans bouger, sous les afflux du ciel
  Et sans être mouillé, il sent sur ses domaines
  S'amonceler la vague et s'engouffrer le sel.

Son immobilité est la plage fertile
  Sur laquelle se jouent les ombres des destins ;
  Il sait les océans, il entoure les îles,
  Un gouvernail secret lui laboure les mains.

Maître d'une pensée, qu'à d'autres il confie,
  Il respire à l'escale et tremble aux nuits sans feux

Le câble, la bouée, l'amarre, la vigie
Sont les astres marins qui lui tatouent les yeux.

Une boussole d'or illumine l'espace
   Vers lequel son tourment monte et s'épanouit ;
   Il jette dans le vent les ancres de sa race
   Qui percent, en sifflant, des oiseaux éblouis.

La moisson surchauffée de se cales profondes
   S'étale en son regard, sous des hangars brûlés ;
   Ses ordres font pleuvoir sur les rives des mondes
   Le sucre, le raisin, l'arachide et le blé.

Quand, brisé de l'orgueil glané sur les terrasses
   Supportées par les quaies et les corbeilles d'eau,
   Il rejoint gravement les chambres où s'enlacent
   Aux splendides espoirs les éclats des flambeaux,

Pour ne pas séparer son âme souveraine
   Des tumultes du jour dont il cueillit les fruits,
   Il donne à son amour le nom de ses carènes
   Et sa maîtresse est l'algue et le flot de ses nuits.

LE CORDIER DE LA TOURETTE

A Adrien Frissant,

Le cordier baisse la tête
  En tressant le chanvre roux ;
  Un enfant tourne la roue ;
  Le ciel est plein de mouettes.

Le soir dore le métier ;
  Sur l'ardeur de son silence
  L'ombre des vaisseaux immenses
  Appuie ses coques d'acier.

L'homme achève sa journée ;
  Il regarde sa maison
  Qui porte, comme un rayon,
  Une femme à la croisée.

Sous la tonnelle sans fruits,
  Une lune paresseuse,
  Autour des assiettes creuses.
  Peint les roses de la nuit.

Le cordier, dans les étoiles,
  Boit le vin du samedi.
  Sur le canal assoupi
  Sont des chalands et des voiles.

Un pilote du quartier
  Vient jouer à la manille ;
  Sa pipe sent l'eau de vie,
  Sa vareuse l'air mouillé.

La tonnelle est empourprée ;
  Les verres tremblent au vent ;
  Le clocher de Saint-Laurent
  Sonne de belles pensées.

Minuit règne sur le port ;
  Les torpilleurs vont et viennent.
  Sur son bras nu d'italienne
  La jeune épouse s'endort.

« Bonsoir, cordier ! » Le pilote
  Descend la mer des plaisirs
  Où, sur des lanternes, flotte
  La lune qui va mourir.

LE PECHEUR DE SAINT-JEAN

A Eugène Montfort,

Passe le pont… suis le canal… Ta barque est prête,
   Va, pêcheur de Saint-Jean !
   Ta voile goudronnée que les hommes arrêtent
   Se couronna de vent.

Le port est endormi… Le premier de la ville
   Tu verras le soleil.
   Sur son sommet d'argent, Notre-Dame immobile
   Contemple ton réveil.

Avance ! L'eau s'écarte et la rame est profonde ;
   Le matin vient vers toi,
   Amphitrite dénoue ses larges vagues blondes
   Pour saluer son roi.

Ton sceptre est le filet. Suis la route des îles ;
   Prépare de tes mains
   L'engin de la conquête, et les mailles dociles

Etreindront le butin.

Si ton cœur est resté fidèle à l'héritage
  Des anciens, tes aïeux,
  Fais comme les anciens : place ton équipage
  Sous la garde de Dieu.

Que ton métier est grand et que la mer est belle !
  Les hommes que Jésus
  Prit avec lui pour enseigner la foi nouvelle
  Étaient de ta tribu.

Miracle quotidien. Pêcheur, fais ta journée !
  Le filet resplendit
  Que tu jettes. Déjà la Méditerranée
  Le creuse et l'éblouit.

Dans ton bateau rugueux les écailles scintillent
  Et les paniers sont lourds.
  Là-bas, sur le quai blanc de Marseille, les filles
  Attendent ton retour.

Ton poisson est compté du plan de la Tourette
  À la Halle Vivaux.
  Moissonne ! C'est pour toi que le port est en fête,
  Pour toi que les drapeaux

Pavoisent le grand mât des vaisseaux à la chaîne.
  Pour toi qu'à Saint-Laurent
  Les cloches de midi sonnent leur cantilène,
  Pour toi que les enfants

Aux pieds nus ont laissé le quartier des Accoules,
   Pour toi que la Cité
   Tressaille dans le vent, pour toi que cette foule,
   Chaude comme l'été,

S'anime à contempler l'horizon qui te porte,
   Tu peux rentrer, pêcheur !
   Ton repas est servi, ta femme est sur ta porte
   Et ton lit est en fleurs.

LA BOUILLABAISSE

Femme, de ta cuisine, où, blanchis à la chaux,
   Les murs sont constellés des grands cuivres qui brillent,
   Prépare les sarments et commande à ta fille
   D'aller quérir, céans, dans la halle Vivaux,
   La part la mieux choisie des nouveaux arrivages.
   Que, d'un regard expert et d'une main très sage,
   Soupesant la rascasse et comptant le baudroi,
   Elle fasse un marché digne d'elle et de toi.
   Je ne veux de conseils humilier ton zèle ;
   Mais, pour l'amour qu'on doit aux plats de sa cité,
   Permets à mon orgueil de pouvoir t'apporter
   La collaboration de son esprit fidèle.
   Qu'au fielat onctueux les feuilles de laurier
   Donnent le clair parfum des vergers dans les îles ;

Prends ton sel le plus pur, ton eau la plus docile,
   Que le rare safran, sur les tranches de pain,
   Répande la couleur de son haleine aigüe
   Et qu'au feu, bien liée et de fenouil vêtue,

La noble bouillabaisse embaume le matin.
Quand midi sonnera, dans des flots de lumière,
Aux clochers de la mer qui sont les bouquetières
De Dieu, je reviendrai dans ta maison du port ;
Louant la pêche auguste et les vins, mais d'abord
Ton accueil généreux d'hôtesse phocéenne.
Je prendrai place à table et tu me serviras
Dans le rite du temps le solennel repas.
En l'honneur du roi Nam, de Protis, d'Euthymène,
De Thiars, des dieux marins et des navigateurs,
En l'honneur du corsaire et du riche armateur,
Du passeur, du barquier, du patron de tartane,
De la porteuse d'algue et de la partisane,
Respectueusement, je mettrai mon palais
Au supplice odorant de ma faim langoureuse.
Le Cassis mêlera sa teinte harmonieuse
A celle du flot d'or et d'ambre, qu'à longs traits,
Tu verseras sur les poissons. A ma maîtresse
Je boirai car elle est belle ! Et toute allégresse
Sera dans ma bouche et mon cœur. Femme, il est temps
Que tu disposes toute chose et que le vent,
Le ciel et les voiliers du quai de Rive-Neuve
Soient les justes témoins et la meilleure preuve
Des soins que, diligente et grave, tu promets
D'accorder à ce plat que Pythéas aimait.

IV

LIVRE IV

PUGET

A Adrien Frissant.

Femmes dans les maisons, hommes sur les rivages,
  Enfants nus sur les quais brûlés du Lacydon,
  Soleils des vieux étés qui tordez les cordages
  Dans les anneaux cuivrés de vos ardents rayons,

Horizons que les feux de la sainte journée,
  Etoilent d'un manteau de purs diamants verts,
  Iles appesanties et barques cadencées,
  Algue, sel, roses d'eau, sable, écume des mers

Sillonnées des vaisseaux aux cales maternelles,
  Les lampes de Marseille ont éclairé le port!…
  Un ordre est dans les nues, le travail joint ses ailes ;
  Des masses, en troupeau, passent les portes d'or

Des grands docks surchauffés du poids des céréales;
  Les portefaix suivent la ligne des canaux ;
  Le cœur de la Cité, contre la Cathédrale,
  Etend l'heureuse paix des vertueux repos.

Les somptueux filets aux mailles éventrées,
    Sèchent sur les pavés des entrepôts marins,
    Et l'odeur des goudrons, dans les toiles serrées,
    Se mélange aux parfums de l'anis et du vin

Que boivent, en fumant, les maîtres d'équipage.
    De grands paquebots noirs patrouillent dans la nuit,
    Et les marteaux, dans les bassins du carénage,
    Sur les coques trouées, avec douceur s'appuient.

Au son des angélus, jeunes et opulentes,
    Les nouvelles Gyptis préparent le repas,
    Et les chambres bénies sur leurs cloisons chantantes,
    Portent. le haut reflet des signaux et des mâts.

Une obscure langueur couronne les pensées;
    La sagesse et 1 amour jouent aux dés dans le ciel, _
    Et Minerve et Vénus, sous les pins allongées,
    Enveloppent leur corps de beaux serpents de sel.

*

  * *

Je suis né devant des mahonnes
    Couvertes de boucauts, devant
    Des balancelles dont l'automne
    Dorait les voiles. Des chalands

Débarquaient sur la rive claire,
    Bordant des palais en haillons,

Avec les huiles de Cerbère
Les vins sucrés du Roussillon.

Vers l'azur des collines saintes,
    De belles filles élevaient
    Leur gorge mure et leurs mains jointes…
    Et les madones souriaient.

J'ai grandi dans un air de fête,
    Une boussole sur le cœur.
    Et je suis devenu poète
    — Ce frère du navigateur —

A force d'avoir près des halles,
    Scintillantes des fruits de mer,
    Appris le nom bleu des escales
    Et fait le tour de l'univers

En esprit et en solitude,
    Parmi d'étranges passagers
    Serviteurs de l'incertitude,
    De l'aventure et du danger.

Ami de zélés capitaines
    J'ai trafiqué de l'Orient
    Et mouillé au bois des carènes
    Mon âme et mes désirs d'enfant.

Que j'ai vu partir de navires
    Qui ne sont jamais revenus!
    Que j'ai vu, les yeux en délire,

La bouche crispée, les pieds nus,

Monter dans les aubes navales,
    Auréolant d'anciens autels,
    Des femmes dont les voix rivales
    Arrachaient des secrets au ciel !

Ce soir, égaré dans la foule,
    Je serre, comme un fiancé,
    L'ombre du présent qui s'écoule,
    Dans les vasques de mon passé.

Le cabaret des Quatre-Roses,
    Plein d'alcool, de musc et de suie,
    A sa fenêtre qui se pose
    Sur les tartanes de la nuit.

Mon regard peuple les jetées ;
    J'ai le cœur et les bras ouverts ;
    Ma vie errante et consumée
    Fait signe aux bouquets de la mer.

*

  * *

Je me veux entourer d'hymnes et de portiques
    Pour que ma jeunesse en lambeaux
    Reprenne au goût du large et des lauriers attiques
    La volupté de ses rameaux.

Qu'un exemple s'empresse et qu'un maître surgisse

Des flots de l'immortalité !
Des vivants et des morts je contemple la lice
Et je choisis la vérité.

Sur mon corps épuisé j'ai la blanche tunique
Dont je veux recouvrir le lin
De la ratine bleue des vareuses publiques.
O lever des aubes, matins.

Laissez-moi recevoir dans le mouvant espace,
Baignant la montagne et les eaux,
Robuste, jeune et fier, le berger de ma race !
Je veux être de son troupeau.

*

* *

Seigneur, voyez venir du sommet ces carrières,
Entourées d'oliviers d'argent,
Cet homme dont les yeux dévastent la lumière !
Il porte le maillet, et prend

La route des chantiers des côtes phocéennes.
Déjà le génie de sa main,
A la proue des vaisseaux des flottes de la Reine,
Grave des fleurs et des dauphins.

L'écho de son travail illumine le monde.
Devant la rade de Toulon
Il dresse les géants dont les faces profondes
Sont des phares sur l'horizon.

Les arsenaux poussent les cris de son audace,
. La liberté de ses transports
Met le Louvre et la Cour aux genoux de sa race.
Seigneur, dans la gloire du port

De Marseille, voyez venir le Solitaire !
Puget, tu passes devant moi
Et la rude leçon de ta noble misère
Fait tressaillir toute ma foi.

Je me lève… Un accord de musique accompagne
Ton lourd et prophétique pas.
Les bâches arrimées serrent les vins d'Espagne
Et les fanaux sont dans les mâts.

Quel orgueilleux amour me prescrit de te suivre,
Toi que l'éternité conduit,
Et qui sembles, soudain, dans des torrents de cuivre,
Tailler les astres de la nuit?

*

 * *

O ma Cité que je te loue!
Une immense maternité,
De ton argile et de ta boue,
Se lève, comme un fruit d'été!

Dans le vent roule les cordages…
La troupe des adolescents,

Le front cerclé de coquillages.
  Danse toujours sur tes quais blancs.

Toute la Méditerranée
  Dérobe aux flancs de tes berceaux
  L'éclat, le labeur, la pensée,
  Pour les porter sur les radeaux

De l'intelligence latine
  Dont j'embrasse les rames d'or.
  Apollon descend les collines,
  Puget tient les flambeaux du port,

Les dieux et les hommes se mêlent
  Dans un tumulte créateur…

Je suis né devant des nacelles,
  Au milieu d'un chant de pêcheurs.

V

LIVRE V

LA VOLUPTE DEVANT LA MER

Chapter 20

La grosse lampe est une aile
  Dans sa gaine de couleur,
  Et mon esprit s'en constelle.
  Je suis le navigateur.

Des chaudes béatitudes
  Qui fait le quart dans la nuit.
  Vers l'heureuse solitude
  Mon vaisseau roule sans bruit,

Toutes les vagues du songe
  Battent mes rêves au vent;
  Et la route se prolonge
  De mon engourdissement.

Le gouvernail, vers les îles,
  Tend sa lame d'acajou.
  Un visage se profile
  Dans un horizon trop doux.

Je vous vois à la fenêtre
  Qui semble écarter la nuit,

Vous pencher et disparaître
Et ne savoir si je fuis

Ou si j'approche des rives
 Qui contiennent votre amour.
 Les mouettes qui me suivent
 Vous annoncent mon retour.

Dans un remous de ferraille
 J'amarre le navire en feu ;
 Vous courez…. Le port tressaille…
 Votre regard anxieux

Demande le capitaine.
 Un mousse prend votre main
 Et vous conduit, incertaine,
 Vers ma cabine où sont peints,

Le long des cloisons laquées,
 Des oiseaux de paradis,
 Des lotus et des fumées,
 Un paysage infini…

Vous souriez, indolente,
 Au bric à brac de mes fleurs,
 Mais je sais ce qui vous tente:
 C'est la cale de mon cœur.

Par une échelle onduleuse
 Vous y descendez sans fin.
 Votre main capricieuse

Éparpille son butin.

De tous mes présents d'escale
   Vous vous tressez des colliers.
   Il ne reste dans la cale
   Qu'un plaisir d'être pillé.

Mensonge de l'aventure!
   Vanité des possédants!
   Je prends la robe de bure
   Au retour de l'Océan.

Ma richesse des voyages
   C'est vous qui la récoltez
   Car la vie est un naufrage
   Et l'amour la pauvreté.

La grosse lampe est une aile
   Dans sa gaîne de couleur
   Et mon esprit s'en constelle.
   Je suis le navigateur…

LA MAITRESSE

Leur sort est de mourir, le tien est d'être belle.
   A l'ombre des combats,
   Dans ta chambre où le musc et le trèfle se mêlent,
   Tu rassembles tes bras

Pour tordre tes cheveux qui sont des nuits persanes
   L'éclat de ton miroir
   Donne à tes grands yeux verts, que, seul, l'amour
   [Condamne,

L'orgueil de se revoir.

La détresse t'ignore et la joie t'est fidèle.
   La lampe de ton cœur
   N'éclaire pas le champ des sombres immortelles,
   Mais le bouquet d'ardeur

Que serre le ruban parfumé de ta vie.
   Ta gloire est de rester.
   Parmi les chemins noirs, la grappe épanouie,
   L'offrande et la clarté.

Ta paresse a son prix puisqu'elle est ton courage ;
   Et, couchée mollement,
   Tu crois que ton reflet protège du carnage
   Le corps si déchiré de tes pauvres amants.

Serrons-nous bien dans le silence;
   Le soir commence.
   Il fait si doux !
   Autour de nous
   La lune danse.

Ma main effeuille votre main…
   Notre chemin
   C'est l'aventure…
   Votre ceinture
   Est de satin.

Irons-nous jusqu'au bout du monde ?
   La terre est ronde,
   O mon amour !
   Faisons le tour
   Des Mappemondes

En croyant qu'on n'est plus qu'à deux.
   Ce point si bleu
   Qui nous fait signe,
   C'est une ligne
   Tracée par Dieu.

Ne dépassons rien que nous-mêmes.
   Lorsqu'on s'aime

Il faut savoir
Tout se devoir.
Le bien suprême

C'est ce paradis de la nuit
  Dont tous les fruits
  Nous appartiennent.
  Belle gardienne
  Cueillons sans bruit…

A tout jamais être perdus
  Pour les intrus,
  Quelle harmonie !
  Serrer la vie
  Comme un corps nu !

N'avez-vous souci, mon amante,
  Des si tentantes
  Vitrines d'or
  Dans le décor
  Des rues bruyantes ?

Je n'ai pour vêtir vos regrets
  Que les secrets
  Dont je m'escorte,
  Mais ils ne sortent
  De chez Poiret.

Serrons-nous bien dans le silence.
  La nuit commence…
  Sur moi, dormez.

Je vais ramer,
La lune danse.

Que la journée est belle et multiple ! le Port
   A dans son ciel de jeunes courtisanes
   Qui jettent aux pêcheurs des filets brodés d'or
   Au pas mystérieux et lent de leurs tartanes ;

Et moi, ton jeune amant, la tête renversée
   Sur tes genoux drapés d'étoffes du Levant,
   Je contemple l'éclat de ta chaude pensée
   Qui m'entoure comme un serpent

Et ne me donne plus à savoir si ma vie
   Respire ou s'empoisonne en buvant les clartés
   De l'amour, de la mort, ces jumelles unies
   Dans le gouffre des voluptés.

Des mouettes font des couronnes
   Autour des voiliers revenus
   De pays que n'avaient point vus
   Les chefs dont la gloire blasonne
   Les histoires de l'océan.

Autour des hauts voiliers fourbus,
   De beaux enfants s'étendent nus
   Sur le bois gonflé des mahonnes.
   Us sont tes bas-reliefs. Le vent
   Du large presse ta terrasse ;
   Ton corps est couché dans l'espace

De ta paresse et tes présents.

Tout t'appartient de cette gloire matinale ;
   Ta paresse convie l'abondance à s'étendre.
   Sous tes mains et sous tes yeux verts,
   Tu prends les bagues de la mer
   Et ta gloire pleine de cendres.

Les vieux ponts de bois
   Guillotinent
   Le canal aux angles droits
   Dont l'eau croupissante chemine.

Un chœur de barques éventrées
   Sanglote, la coque à l'envers,
   Dans l'ombre limpide et dorée
   Des voiliers de la haute mer.

Le tonnelier qui bat sans cesse,
   De sa massue, les lourds tonneaux
   Semble clouer toute cette eau.

Chères fleurs de ma jeunesse,
   Roses de mes souvenirs,
   Vous êtes, dans votre tendresse,
   Comme ce long canal qui ne veut pas mourir.

J'ai peuplé ma destinée
   Du golfe de votre corps ;
   Vous êtes ma traversée,
   Mon horizon et mon port.

Maudissant votre rivage
   J'y ancre mes paquebots.
   Mon rêve est votre équipage,
   Vos agonies, mes signaux.

Dieu l'a voulu, je vous aime.
   Vénus est au firmament.
   La barque de mes poèmes
   A vos rames sur ses bancs.

Pardonnez jusqu'à ma honte,
   Puisque l'orgueil de ma loi
   A soumis tout ce qui compte
   A vos yeux et votre voix.

L'homme amoureux de la vie,
   Dans l'extase de lutter,
   Tend son âme inassouvie
   Aux flots de la volupté.

Le plaisir est une lyre
   Qui porte en multiple accord :
   La tendresse, le martyre,
   L'illusion et la mort.

Je vous devrai, ma maîtresse,
   Le voyage souverain
   De mon cœur, de ma jeunesse,
   Dans un paysage plein

De tartanes mordorées

Dont la voile offerte au vent
Est l'image des pensées
Contenues dans mes présents.

Des purs lambeaux de ma gloire
  Je vous ai fait des colliers,
  J'ai rassemblé mes victoires
  Pour que vous les disputiez ;

Vous restez mon ennemie
  Jusqu'en mon enchantement
  Et pourtant, ma joie supplie
  Chaque jour votre tourment.

Pourquoi ne suis-je entré quand tu m'ouvrais ta porte ?
  Comment ai-je pu couronner
  De mensonges, de cris, de cendre et de fleurs mortes
  Ce que ta vie sut me donner ?

Mon amour était-il plus grand que tes promesses
  Qu'il lui fallut, pour s'éprouver,
  Se livrer dans la nuit à la lourde détresse
  Dont l'ombre même l'a sauvé ?

Sur le port l'eau luisait, mystérieuse et noire ;
  Ivres de porter le soleil
  Des tartanes croulaient de fatigue et de gloire.
  Confusément, vers leur sommeil,

Je tendais mon esprit vêtu du seul courage
  De toujours se persécuter,

Demandant à la mer, aux vaisseaux, aux rivages,
De me prendre pour m'emporter.

Sur combien de ponts nus d'impossibles navires
Ai-je embarqué mon rêve en feu
Pour me mieux séparer de ton âcre sourire
Et de l' acier vert de tes yeux !

J'ai pitié, dans tes bras, de mon songe infidèle
Et de ma vaine cruauté.
Je n'aurais du trembler que de te savoir belle
Et d'avoir pu te mériter.

De nos coupes de feu, les pardons sont la flamme
Qui se consume éperdument.
Je roule, naufragé, dans ton pouvoir de femme
Si faible, si doux et si grand !

Une étoile en dansant passe sur la fenêtre…
Comme tes cheveux sont profonds !
Je hisse mes pensées dans les mâts de ton être ;
Le vent disperse ma raison.

La terrasse est parfumée
Du vent passé sur les fruits
Des balancelles jetées
Par l'Espagne, dans la nuit.

Farde ta bouche amoureuse
Des caresses du couchant ;
Que ta chevelure heureuse

Coule sur mes mains d'infant.

Je suis dans ton ombre claire
Comme dans un beau jardin.
Tu me donnes ta lumière
Et les bouquets de tes seins.

Étrange et doux paysage !
J'ai la barque et le rosier
En appuyant mon visage
Sur ton cœur émerveillé.

Ta voix chaude se balance
Sur mon cœur harmonieux ;
Elle pare le silence
Des bouquets mystérieux.

Avec moi le port écoute ;
L'âme mouillée des vaisseaux
Sur ta gorge s'appuie toute.
Une voile, au clair de l'eau,

Disparaît dans la musique ;
Des îles peuplent tes chants
Et ta bouche est une applique
Vissée dans les plis du vent.

Jean l'Arabe, le batelier,
M'offre sa barque comme un nid.

Les vieux quartiers

Sont endormis.

Sur le banc mouillé
  Serrons-nous.

La lune roule autour de nous,
  Ma bien-aimée.

La rame de l'homme des mers
  Est le visage de mon cœur

Tantôt soumis, tantôt vainqueur.
  Êtes-vous dans la vie ? suis-je dans le désert ?

Nous avons dépassé les forts.
  Les carènes des lourds vaisseaux

Sont déjà lointaines. Le port
  Est, dans l'ombre, un berceau.

Voici la conque des espaces ;
  Les vagues chantent dans la nuit.

L'homme des mers dit une race
  Dont nous sommes les jeunes fruits.

Prenant de ce qui nous entoure
  Chaque jour la plus belle part

Vous vous fardez de tout le fard
  Des belles ombres qui accourent.

Jean l'Arabe, dans le silence,
   Ne tourne pas les yeux vers nous.
   La joie n'est pas sa récompense ;
   C'est au large qu'il tend le cou.

Je voudrais, chère abandonnée
   Aux lèvres marquetées de sel,

Ressembler à votre pensée
   D'extase, d'étoile et de ciel,

Pour être digne de moi-même
   Qui m'en veut chaque jour plus fort
   D'offrir mon cœur, ce diadème,
   Au royaume de votre corps.

VI

LIVRE VI

L'OFFRANDE

Vous qui ne connaissez ni mon port, ni ma vie,
    Mais qui savez du moins les plaisirs de mon cœur,
    Écoutez dans mes bras la plainte indéfinie
    Du soleil qui se couche entre toutes les fleurs.

Vous êtes l'amitié du soir de ma jeunesse ;
    Quand je serre, à deux mains, les roses de l'amour
    Je ne fais que tisser le deuil de ma tendresse
    Et céder, malgré moi, ma belle place au jour.

Je m'enfouis, vivant, dans l'ombre de sagesse
    Qui prend l'homme encore prêt à dérober des fruits,
    Et le met, face à face, avec cette allégresse
    Dont l'âge immaculé le pousse vers la nuit.

Je vous devrai l'orgueil de m'avoir laissé croire,
    Jusque dans la raison de mon éternité,
    Que les longs cheveux blancs, au rouet de la gloire
    Demeuraient la couronne au front de la clarté.

Pour que je vive alors que je ne pourrai vivre,
    Vous descendrez, parfois, sur le rivage heureux

Dont j'ai chanté la mer, et vos yeux dans mon livre
Maintiendront la pensée de mon esprit en feu.

Dans le décor mouvant des quais et des tartanes,
Dans l'odeur des goudrons et des vergers marins,
Entre un navigateur et une courtisane,
Vous monterez la barque où vogue mon destin.

Liée aux avirons que mes songes crispèrent,
Rabotant du Vieux-Port la lourde natte d'eau,
Vous ferez, en mon nom, ce grand tour de la terre
Qui tient entre deux forts, deux rives, deux canaux.

Comprenant ce que peut, du plus étroit espace,
Faire un beau batelier qui connaît l'horizon,
Vous joindrez vos deux mains et demanderez grâce,
Pour moi, aux dieux couchés sur les sables profonds;

Vous leur crierez : « Il fut le mousse et le pilote,
Celui qui tend la voile et rôde dans les mâts,
L'homme couvert d'embruns, l'aspirant qui sanglote
Au souvenir des nuits que Vénus anima.

Pardonnez-lui d'avoir trop changé d'équipage
Puisqu'il sut témoigner de sa fidélité
En ramenant, toujours, vers un même rivage
Les navires d'espoir qu'il avait affrétés. »

Prenez, ma jeune amie, la carte et la boussole
Que mes mains, aujourd'hui, ne doivent plus tenir,
Consacrez ma fierté, conservez ma parole

Et que tout soit à vous dont je sus me servir.

81

Et que tout soit à vous dont je sus me servir.

81

POEMES D'ITALIE

Maintenant que les nuits ont comblé la distance
   Qui préparait nos cœurs à leur étonnement,
   Voyez quelle raison avait votre indolence
   D'allier sa ferveur à mon enchantement !

Mon miroir, mon esprit, vous êtes ma pensée,
   Je ne fuis que pour mieux me retrouver en vous.
   Ce n'est que contre moi que ma haine est dressée
   Lorsque ma jalousie laboure vos genoux.

Doutant de mon désir, je tremble pour le vôtre ;
   Instruit du cher tourment de ma fidélité
   Comment pourrais-je encore laisser reprendre à d'autres
   Ce que n'ayant voulu j'ai su trop mériter ?

Revenus languissants des mêmes précipices,
   Sortis, inassouvis, de semblables tombeaux,
   Si notre volupté reste un lit de supplice
   Notre fraternité reste un lit de repos.

Nous sommes condamnés à notre sauvegarde —
   Notre pure douleur veille notre plaisir —

Quand vous vous regardez, c'est moi qui vous regarde;
Notre amour a sa chaîne ayant un souvenir.

Qui nous couronnera mieux que la solitude
    Puisque notre royaume à ses fleurs au désert ?
    Dans les palais secrets de notre servitude
    S'élèvent les parfums de tous les univers.

La corbeille des fruits et des clairs paysages
    Tremble dans le couchant des limpides étés.
    Prenez votre pays, choisissez vos rivages,
    Attelez les chevaux qui vont nous emporter.

Les roues grincent du char déployé sur les routes.
    Les plus beaux horizons convoitent nos départs.
    Qu'il est doux de mentir à ceux qui nous écoutent
    Et que la flamme est belle au-dessus du brouillard !

NUIT DE ROME

Maintenant elle dort… elle est nue… une rose
    Reste encore agrippée à ses beaux cheveux noirs.
    Je respire l'éclat de son bras qui se pose
    Avec sérénité sur l'oreiller des soirs.

Que voient ses yeux murés par ses lourdes paupières ?
    Rêve-t-elle au plaisir qui dompta sa fureur ?
    Nous avons transporté dans la nuit familière
    L'arène où flamboya l'orgueil des empereurs.

Je me couche à tes pieds, ô ma chère martyre !
    Ton corps ensanglanté me couvre de rayons.
    Que ta bouche est brûlante et que ton sein m'attire !
    La chambre, Colisée dont je fus le lion,

Garde mes cris de joie au creux de ses tentures.
    N'ai-je tout dévasté ? Que cache ce sommeil ?
    Sainte de mon amour, vis-tu de tes blessures ?
    Qui greffera sur toi l'impossible réveil ?

Ne compte plus de ce clocher de la Minerve
    L'heure qui tourbillonne et qui s'appesantit.

Au bûcher de l'amour la promesse s'énerve ;
Fais, d'une nuit sans fin, une aube sans répit.

Écrase de luxure aux meules de l'offrande
La jalouse raison, dont le silence amer
Enlace encore de sa ténébreuse guirlande
Les jardins langoureux de tes tristes yeux verts.

Par dessus tes sillons ne sois qu'un paysage
Et ressemble au destin du troublant Tivoli,
Qui cache, par endroits, les pleurs de son visage
Sous les cyprès heureux et les jardins fleuris.

Si tu ne pliais pas l'oubli dans la tristesse,
Que te resterait-il de mon corps en tes bras ?
Ta bouche porte trop le poids de mes caresses
Pour que sa volupté ne la soumette pas.

Ne sois rien qu'à l'ardeur qui pare et désenchaîne
Et fais l'aventurière au lit de mes transports,
Ainsi que la faisaient ces esclaves romaines
Dont Néron distillait le plaisir et la mort.

L'âpre mélancolie aiguise ses fuseaux
Sur l'ombre qui gravit le seuil des péristyles
Et mon âme, égarée aux confins de la ville,
Prend sa place parmi la Rome des tombeaux.

L'arc de triomphe et le Forum couchés sur elle
Donnent à son destin le droit de s'émouvoir
De cette royauté funéraire du soir

Qui porte, dans ses plis, des victoires sans ailes.

Elle rêve de tout ce qui l'ensevelit,
    Car, pareille au couchant tragique des empires,
    Elle garde, en secret, l'orgueil de son délire
    Et l'amour qui l'oppresse et qui l'anéantit.

Elle se découronne en songeant à la gloire
    Dont l'infidélité même lui appartient.
    D'un beau geste accablé sa tristesse soutient
    Les joyaux de l'abîme et ceux du promontoire.

Elle sait, dans ses fers et son abattement,
    Que, de la cendre, il est des lys qui ressuscitent,
    Et si, par cette nuit, sa volonté la quitte
    C'est que, lasse à mourir, sa tendresse y consent.

Demain elle oubliera peut être son voyage
    Aux palais souterrains de l'ombre des Césars
    Pour reprendre, attentive et farouche, la part
    De l'âcre volupté dont elle sait le gage.

Une maîtresse ardente et trop jeune l'attend
    Sur le lit parfumé qui brûle de luxure.
    C'est pour la déchirer d'une force plus sûre
    Qu'elle veut prolonger le repos qu'elle prend.

LA MONTEE DE SAN-MINIATO

Des souvenirs émus de pureté lointaine
   Escortent mon amour et lui font une chaîne.
   Je veux croire, aujourd'hui, que c'est Eliacin
   Qui regarde mon âme et conduit mon destin.
Masque ta volupté, mon unique maîtresse !
   Pareille au paysage odorant qui nous presse,
   Ne cherche ton plaisir qu'en ta félicité.
   Vois tout est jeune et clair ! C'est l'enfance et l'été
   Que contemplent nos yeux. Cesse d'être une femme ;
   Abolis le désir ; mets le lys sur la flamme.
   Les cloches, dans le ciel, sont pleines de ferveur.
   Sur le métier d'azur des anges du Seigneur
   Tisse, ma bien-aimée, une tunique blanche.
   Les fruits mûrs sont cueillis, mais les nouvelles branches
   Sont filles d'un verger doublement spacieux.
Ma maîtresse, il te faut prendre ce goût de Dieu
   Dont les doux angélus pavoisent la colline.
   Laisse la pourpre d'or au lit des concubines ;
   La robe de Saint-Jean est fleur du paradis.
   L'Arno coule à nos pieds ; l'ombre des Médias
   Porte à San-Miniato le bouquet de Florence.

N'as-tu plus de bonheur d'avoir plus d'innocence
Mon amour, en priant ne nous possédons-nous
Redescend dans ton âge et regarde à genoux
Cet exil parfumé de ta première vie !
O comme je te veux pareille à cette amie
Qui n'a pas vu couler l'ivresse dans ses mains !
Nous nous ressuscitons ! ô finir d'être humain !
N'avoir pour tout transport qu'un long battement d'ailes
Ma maîtresse, là-bas, Sainte-Marie-Nouvelle Sonne.
Des Apennins descendent les troupeaux.
Les vignes, ces rouets, les cyprès, ces fuseaux,
Élèvent dans le vent leur royaume tranquille.
La Toscane, ce soir, éclot de l'Evangile.
Une porteuse d'eau monte vers un couvent ;
Entends-tu dans ton cœur ce long frémissement,
Cette extase, ce bruit de source, cette aurore ?
Où sommes-nous ? Qui sommes-nous ? Je t'aime encore
Et pourtant tu n'as plus qu'un collier de sanglots
Sur ton sein qui porta la rose et le flambeau.

Dans l'eau fraîche et nacrée des fontaines publiques,
    La lune nage mollement ;
    Aux portes des palais, des ombres magnifiques
    Descendent des nuages blancs.

Del Sarto, Raphaël, rejoignent leurs maîtresses
    Parfumées de toutes couleurs ;
    Un couple de ramiers dans la nuit se caresse ;
    Le silence est peuplé de fleurs.

Laissons ma bien-aimée, à son ardent mystère,

A son secret, ce pur amour
Et marchons, seuls, entre les vignes de la terre
Et dans l'espace de nos jours.

Couronnons-nous des diadèmes de la vie
  Notre doux émoi n'a besoin
  Ni du reflet des dieux, ni du cri des génies ;
  Ne prenons, jaloux, pour témoins

De nos enlacements que ces chères collines,
  Que ce fleuve agile et discret,
  Que ces lys éclatants, que ce ciel qui s'incline
  Sur la terrasse des cyprès.

Dante a-t-il, plus que moi, loué sa Béatrice ?
  Quel est l'arpenteur des serments ?
  Sur l'Arno vaporeux de longues barques glissent ;
  Nous sommes de jeunes amants.

Ma bien-aimée, ce soir nous recréons le monde
  Dans la joie de l'obscurité ;
  Nous sommes ce David dont la masse profonde
  Fait s'entrouvrir l'éternité.

Que Florence a de grâce et combien tu es belle !
  Ma bien-aimée, dors contre moi ;
  Je couvre tes yeux clos des richesses nouvelles
  D'une ville dont je suis roi.

DANS LA BAIE DE NAPLES

Il fait trop beau pour croire à la douleur humaine !
   La volupté couvre nos yeux de son bandeau.
   L'éternité n'est plus qu'en nos corps qui s'enchaînent.
   Vénus aux belles mains dirige le vaisseau.

La ville fuit… la mer est un grand lit d'écume.
   Le ciel mord la grenade ardente des étés ;
   Les tombes du soleil et le Vésuve fument !
   Marinier, cette ardeur qu'entourent ces clartés

Est-elle le reflet des flammes que nous sommes ?
   Le bûcher de l'amour consume ce pays.
   Ressemblons-nous aux dieux avec notre cœur d'homme?
   Tous les rosiers du ciel se sont épanouis.

Quelle île nous attend, ma plus jeune maîtresse ?
   Allons-nous, enlacés, autre part que vers nous ?
   Dans le vin de Capri, je veux mirer l'ivresse
   Qui, chaque soir, me prend de baiser tes genoux.

J'ai soif de boire trop, et de vouloir trop boire.
   La coupe sur ma bouche a beau se renverser,

Elle coule sans cesse et, sans cesse, ma gloire
Est de m'anéantir et d'encore la presser.

Marinier, connais-tu grappe plus éclatante
Que celle dont mes bras possèdent la langueur ?
Je vous comparerais, beaux jardins de Sorrente,
A la treille de joie où se nourrit mon cœur.

Le vaisseau lentement sillonne la lumière.
L'odeur des orangers descend avec la nuit.
Ma plus jeune maîtresse est semblable à la terre;
Elle m'offre ses fleurs et me donne ses fruits.

Comme ces enfants nus couchés sur ce ravage,
Comme ces jeunes fruits, comme ce paysage,
Ton jeune corps s'éploie et s'étire au soleil.
Rousse, dans son manteau de soufre et de sommeil,
La paresse en chantant descend l'ombre des rues ;
Le vent pousse la voix, mollement ingénue,
D'une fille qui passe en portant sur son bras
Une urne dont le vin éclabousse les pas.
Un collier de rubis, de cailloux et de verre
Traîne sur les chemins écrasés de lumière.
Le ciel est un divan et la terre est un lit.
Tu soupires ; tes yeux se tendent, éblouis,
Vers la treille d'azur qui couronne ta tête
D'oranges et de roses rouges. Des mouettes

Battent l'air. Des marchands de fleurs et de plaisir
Tressent des voluptés autour de tes désirs.
Parmi leur pauvreté, c'est ton cœur qui mendie.

Naples ! l'air te consume et jamais assouvies
Tes dents mordent sans fin ces grappes de fruits verts
Qui mêlent leur odeur au parfum de la mer.

Des accordéons nostalgiques
   Chantent sur notre cœur ouvert,
   Dans cette rue aux toits obliques
   Dont l'ombre s'ouvre sur la mer.

Au Palais, des rayons de lune
   Accrochent leur toile d'argent ;
   A la roue bleue de la fortune
   Bat l'écheveau de notre sang.

La rade chaude et printanière
   Nous jette l'accent de ses flots ;
   Ses caravelles de lumière
   Montent des horizons nouveaux.

Nous avons l'esprit des voyages ;
   Ne sachant où les arrêter,
   Après les temples du rivage,
   Nous visitons la volupté.

Jamais rameur — dieu de la rame —
   Ne vogua, plus zélé que nous ;
   Nos yeux sont des proues sur des lames,
   Les algues tordent nos genoux.

Au balancement de la couche,

Serrant les anses de tes bras,
  Je bois ton corps à pleine bouche
  Comme une amphore de muscat.

Étends tes bras sur l'azur,
  Mets ta bouche agonisante
  Dans les fleurs et les fruits mûrs
  Des clairs vergers de Sorrente.

La mer bleue est un vallon
  Que les galères découpent ;
  La terre a sur ses cloisons
  Des amphores et des coupes.

Il fait chaud. Des enfants nus
  Puisent l'eau dans leurs mains jointes ;
  Le soleil boit, éperdu,
  Les yeux des madones peintes.

Des ramiers sont près de toi
  Comme au bord d'une corbeille ;
  La paresse, sur ta voix,
  Couche un manteau de groseilles.

Tu fais partie du jardin
  Des saisons émerveillées ;
  Tu es l'arbre et le matin
  Qui ploient dans mes mains mouillées.

Des avions dans le ciel
  Bourdonnent et nous éventent ;

Leurs ailes frôlent le miel
Dont ta gorge éblouissante

A le parfum. O ce jour,
Plus empli que trois années,
Comme je le serre autour
De mes limpides pensées

Pour qu'il ne me quitte pas !
Des trains sifflent dans les gares ;
Reste couchée dans mes bras…
Des voiles pourpres s'égarent

Vers de liquides chemins
Dont Naples est la chaude cuve
J'entends brûler sur ton sein
Tout le soufre du Vésuve.

DANS UNE OSTERIA DU PORT DES GENES

On a pressé des grappes d'or ;
   Les matelots tendent leur verre ;
   Bois !… L'osteria sur le port
   Creuse son ombre de lumière.

La fille aux bras nus qui te sert
   A l'odeur de la Ligurie ;
   Elle regarde tes yeux verts.
   Bois, ma maîtresse !… Une harmonie

Descend du quai dans le caveau
   Et t'enveloppe. Tu t'enivres…
   Un homme a des anneaux de cuivre
   Aux oreilles… Bois !… Les vaisseaux,

Devant nous, sont la lourde amphore
   Qui porte le sang des pays,
   Du blé, du vin… O quelle aurore
   Éclabousse ton cœur !… Midi

Sonne à tous les clochers de Gênes.

Le peuple chante. Un flot d'azur
Passe la porte. Des mains viennent
Qui te tendent des fruits trop mûrs.

Mords cette oraNge parfumée,
    Ta bouche est rouge… La fumée
    Tisse un voile sur ton plaisir.
    Bois, ma maîtresse !… L'avenir

N'est qu'au présent. Qui vit son heure
    Possède deux éternités.
    Le soleil rit… le soleil pleure…
    Bois !… Le moissonneur dans 1 été

Rassemble-t-il gerbes plus belles
    Que les épis de notre amour ?
    Semons le champ. Les caravelles
    De Colomb sillonnent toujours

Les grands rêves problématiques.
    Bois, c'est le ciel ! Bois, c'est la mer !
    La fille aux bras nus est pudique ;
    Elle regarde tes yeux verts.

Voici la conque des espaces ;
    Les vagues chantent dans la nuit.
    L'homme des mers est une race
    Dont nous sommes les jeunes fruits.

Prenant de ce qui vous entoure
    Chaque fois la plus belle part,

Vos lèvres et vos yeux labourent,
De l'algue et du goudron, le fard.

Vous restez la rivale altière
    Des plus vastes recueillements ;
    Vous déroberiez la misère
    Si ses haillons, couverts de sang,

Faisaient une jupe nouvelle
    Aux garde-robes de vos jours
    Et si, pour être plus cruelle,
    La honte flattait votre amour.

Mer, emportez cette détresse !...
    La vérité me fait mentir.
    Un batelier... Une maîtresse...
    Je dois être heureux !... Les soupirs

Des plus obscures traversées
    Sont des bienfaits aux voyageurs...
    Ma bien-aimée, ma bien-aimée,
    Vous êtes dans mes bras ! Le chœur

Des sirènes aux croupes blanches
    Portaient le lit de nos destins...
    Pourtant ce lit est une planche !
    Ma bien-aimée, sur votre sein

Je mets ma tête languissante ;
    Comme il fait doux dans vos bosquets
    Le port est une ombre dansante

Et les îles sont des bouquets.

La pluie tombe sur le port ;
  Il fait froid, ma bien-aimée.
  Au retour des traversées,
  Dans les jardins aux fruits d'or,

Nous errons, le cœur mobile,
  La bouche et les yeux perdus,
  Dans les brumes d'une ville
  Qui ne nous reconnaît plus.

Le ciel crie sa jalousie
  A notre désertion ;
  La mer nous excommunie
  Et nous sommes en haillons

Sur des quais dont le visage
  Distribuait, autrefois,
  L'éclat de ses coquillages
  A l'appétit de nos joies.

Le batelier, de sa rame,
  Ne tente plus nos désirs ;
  Dans les charretons des femmes
  Nous ne voyons que pourrir

Les oranges plantureuses
  Desquelles tes jeunes dents
  Faisaient juter, amoureuses,
  La peau lustrée et le sang.

Sous la toile des terrasses
    Des accordéons jouent faux ;
    Pour peu qu'une touche casse
    Leurs chants seraient des sanglots.

Sens-tu la lourde amertume
    Dans ces relents de goudron.
    Qui nous chasse, nous consume,
    Nous sépare, nous confond ?

Une volupté étrange
    Te fait embrasser mes mains
    Et nos larmes se mélangent
    A l'eau qui tombe sans fin.

Le destin nous bouleverse,
    Et les feux de notre amour
    Sont des cendres sous l'averse
    Qui nous mouillera toujours.

POEMES INCOMPLETS (I)

(1) Il nous a paru que ces fragments, pleins de beautés, ne devaient pas être laissés en dehors d'une édition qui peut être la dernière et qui, en tous cas, se doit d'être aussi complète que possible. (Note de l'Editeur).

Vice ou vertu,
   Dieu vous le rende !...
   Un client de Honolulu,
   Madeleine, vous demande !

De l'estaminet profond,
   A l'appel de la portière,
   La fille accourt. Un long rayon
   De lumière
   Clandestine, éclabousse ses longs bas
   Que les jarretières
   Ne soutiennent même pas ;
   Sa robe est un feu de bengale.
   — «On m'a — dit le passager —
   Parlé de vous dans les escales. » —

Madeleine, les yeux légers
  Et les cheveux en coquillage,
  Sourit d'un visage fardé.
  Son père, maître d'équipage
  Sur toutes les côtes sauvages,
  Lui enseigna, des soirs de vin,
  Une géographie sommaire
  Dont sa mémoire a pris le teint
  Elle dit, comme une prière,
  Au Japonais des noms de ports
  Des noms d'îles et de rivières…

Que l'ail est odorant et l'huile parfumée !
  Une chevelure dorée
  Enveloppe l'escargot,
  La pomme de terre fondante,
  La carotte effervescente
  Et la morue pleine d'eau.

Les faïences sont vermeilles
  Pour les vins hospitaliers,
  Il s'y baigne des abeilles
  Et des couleurs de voiliers.

La mer et le jardin dansent
  Sur les pas des vieux serviteurs ;
  Le beau jour de l'abstinence
  Est une calanque en fleurs…

Le vieux pâtre de la Gineste
  T'offre le lait de ses brebis ;

Le fils du pêcheur de Cassis
   Te porte ses oursins ; du geste

Des semeurs les **gars** de St-Jean
   Renversent leurs paniers d'écailles

Et d'algue fraîche. Sous les mailles
   Des filets, les poissons d'argent

Palpitent et les partisanes
   Les pèsent dans les plateaux d'or.

Les vins pierreux, les fruits des ports
   Jaillissent des vieilles tartanes

Aux couleurs des feux espagnols.
   Un jardin est sous la façade

Des quais où la noble Iliade
   A greffé geste et chant. Le vol…

Un désenchantement profond et magnifique
   Me cloue sur des divans cernés d'étoffes d'or
   Et, sous mes yeux 'brûlés, s'engouffrent nostalgiques,
   Les chants mystérieux qu'enveloppe la mort.

Dans d'éclatants détroits naviguent mes pensées ;
   Je suis la rive bleue de mes amers plaisirs,
   Mais ma coque est ouverte et ma voile est trouée ;
   Je me cramponne à tout ce qui veut m'engloutir.

Seigneur qu'avez-vous fait de ce jeune courage
   Qui me tenait debout devant les gouvernails
   Et jetait mon bateau vers les hautains rivages
   Où luisaient, dans le sel, l'amour et le travail ?

Le cœur est-il moins fort que les bras et l'enclume?
   La raison croule-t-elle au sommet des destins ?
   J'ai du feu dans l'esprit et le brasier s'éteint.

Des coussins cramoisis enguirlandent ma tête
   Ils sont bourrés de cendre aux multiples odeurs
   Mon orgueil qui ne peut maîtriser ma faiblesse
   Rugit dans ses lambeaux de pourpre et de soleil
   Je suis un roi couché dans toute une jeunesse.

Souvenons-nous des nuits marquant vos récompenses,
   Vos genoux façonnaient mon vaste enchantement.

De ce clair horizon près duquel vous vivez,
   Vous avez récolté, nonchalante et marine,
   Les parfums de la mer et l'éclat des collines
   Et ces couleurs du ciel qu'Apollon a veiné.

L'algue est votre divan ; vos nuits sont les princesses
   Accoudant leurs bras nus sur les galets d'azur.
   Votre pensée s'endort sur le lit de tendresses
   Qui porte en baldaquin des grappes de fruits murs.

Esclave du plaisir, vous commandez en songe.
   Aux vaisseaux…

Sur les quais une fille chante,
  Un feu s'éteint,
  Et je suis l'ombre indolente
  De la flamme et du refrain.

Un bateau, venu des îles,
  Me jette un parfum de sel.
  J'en farde la ligne mobile
  Des forts, des canaux et du ciel.

Le travail cède sa place,
  Dans les chantiers, à mon cœur.
  Sur les poulies je prends place :
  Ces treuils montent mon bonheur.

Dans les cales trop profondes
  Des navires amarrés,
  J'entasse, pour la faim du monde,
  Mes beaux rêves décorés.

Quel silence dans le bruit
  Des transports de ma pensée !
  Je pousse des brouettes de fruits
  Sur les rails de ma destinée…

Nous avons fui. Dans les gares
  Les femmes au cœur brûlant
  Contemplent d'un œil barbare
  Nos amours et nos tourments.

L'une nous offrait des roses,
    L'autre nous portait du vin.
    Mais nos bouches étaient closes
    Sous l'ardeur de nos destins.

Le guide de nos pensées
    Conduisait notre ferveur
    Et notre âme illuminée.
    Les jardins ouvraient leurs fleurs…

O mes amis, prenez mes mains, conduisez-moi..
    L'ombre pesante et somptueuse
    A mes yeux a dicté sa loi.

Je n'y vois plus. De la, lumière harmonieuse
    Le souvenir n'est qu'en mon cœur.
    Je suis, dans la vie, un navire

Dont la coque enivrée conserve sa splendeur
    Mais dont la cargaison chavire.
    Où menez-vous mon désespoir ?

Je sens le jour plus qu'un humain qui le possède,
    Et mon règne appartient au soir,
    Prenez mes mains, venez en aide,

O mes amis, à l'aveugle qu'est devenu
    Votre ami. Parlez que j'écoute !
    Mettez mes pas au bon chemin.

Donnez-moi le bâton du chemineau. Les routes
   Sont sans murs, sans secours, sans fin.
   Quand les chiens seront sur les portes

A tâtons je pourrais ainsi me faire ouvrir
   Et croire que mon âme morte
   N'est pas prête encore à mourir.